Positives denken lernen

TIPPS UND TRICKS WIE DU NEGATIVE MUSTER ERKENNEN UND DURCH POSITIVE MUSTER ERSETZEN KANNST

Inhaltsverzeichnis

EINLEITUNG

„Think positive!" Oder zu Deutsch „Denk positiv!" Ein häufig angewendeter Rat: Nicht immer fällt es uns leicht, das Positive zu sehen. In unserem Leben kommen wir häufig an Wendepunkte, die uns überfordern, überwältigen, ängstigen oder auch zweifeln lassen. Sich die negativen Aspekte vor Augen zu führen, die Situation noch schlechter zu reden oder sich im Selbstmitleid zu baden, ist jedoch nicht erfolgversprechend.

Grundvoraussetzungen für starke Widerstandskräfte, um schwierige Situationen und Krisen bewältigen zu können, sind Optimismus und Akzeptanz. Erst dadurch ist eine Problemlösungsstrategie wirksam. Dann öffnen wir unseren Verstand, die Situation aus anderen Blickwinkeln zu sehen und können versuchen, das Positive zu finden.

Blicken wir im Leben zurück, erkennen wir in der Regel bei fast allen Ereignissen, die erst schwierig waren zu bewältigen, welchen Nutzen wir später aus der Situation ziehen konnten bzw. wie wir daran gewachsen sind.

Du hast es in der Hand, wie du durchs Leben gehst. Stellst du dich auf die Sonnenseite des Lebens und lässt den Pessimismus hinter dir, wirst du sehen, dass sich Dinge plötzlich positiver entwickeln. Warum sich das Leben schwer machen, wenn es auch leichter geht?

In diesem Buch erfährst du, wie unser Denken funktioniert und unser Leben beeinflusst. Negative Gedanken werden nie ganz verschwinden, aber du wirst sie schneller als solche erkennen und du lernst sie durch positive zu ersetzen.

Die Tipps und Tricks für den Alltag, helfen dir, Dinge klarer zu sehen, zu erkennen, wofür sich das Leben lohnt und wofür du dankbar bist. Momente bewusst leben, fällt uns in der heutigen Zeit immer schwerer. Doch genau da liegt der Schlüssel zum Erfolg, um das Leben mit all seinen Facetten anzunehmen und zu genießen.

KAPITEL 1: UMDENKEN

LOHNT SICH

Denken tun wir oft, ohne bewusst darüber nachzudenken. Gedanken kommen und gehen. Manchmal fühlen sie sich gut an und ab und zu treiben sie uns in den Wahnsinn.

Gedanken haben einen enormen Einfluss auf unser Befinden und unser Verhalten. Sie bestimmen, wie wir eine Situation wahrnehmen, sie bewerten und darauf reagieren. Unsere früheren Erfahrungen, und durch was wir geprägt wurden, spielt dabei ebenfalls mit und kann uns sowohl negativ wie auch positiv beeinflussen.

Die Macht der Gedanken

Wir geben gerne den Umständen oder der Situation Schuld an unseren Gefühlen. Der

Partner hat etwas gesagt, das dich verletzt hat, deshalb ist er schuld, dass du jetzt traurig bist und dich schlecht fühlst. Oder der Chef hat dir deinen beantragten freien Tag nicht genehmigt. Das verärgert dich und du gibst ihm die Schuld für deine schlechte Laune.

Was wir dabei vergessen: Wir selbst sind schuld an unseren Gefühlen. Denn die Gefühle entstehen nicht aufgrund eines Menschen, einer Aussage oder einer Situation. Unsere Gefühle entstehen aus unseren Gedanken: Positive Gedanken verursachen positive Gefühle. Negative Gedanken erzeugen negative Gefühle. So lautet das Prinzip.

Das hört sich zwar einfach an, aber natürlich ist es gar nicht so einfach unsere Gedanken zu kontrollieren.

Wie unsere Gefühle entstehen

1. Am Anfang steht eine neutrale Situation.

2. Du entwickelst Gedanken zur Situation und bewertest, interpretierst sie.

3. Je nach Bewertung werden bestimmte Gefühle ausgelöst.

4. Deine Gefühle lösen wiederum Gedanken aus, die wieder zu Gefühlen führen.

Das heißt, du bist dann schnell in deiner Gedankenwelt gefangen. Schnell entsteht das Gefühl, dass wir gar nicht anders denken können, weil die Gefühle von Wut oder Traurigkeit bereits so stark sind. Wir sehen die Situation dann nur noch mit einem Tunnelblick. Die Situation aus einem anderen Blickwinkel zu betrachten, fällt zunehmend schwerer.

Eine Ausgangslage – drei verschiedene Gefühlsreaktionen

Nehmen wir folgendes Beispiel: Dein Partner eröffnet dir voller Freude, dass er befördert wurde, dafür jedoch in eine weit entfernte Filiale versetzt wird. Das setzt einen Umzug voraus.

Das kann bei dir drei verschiedene Gefühle auslösen: Du freust dich, du wirst wütend oder du bist traurig und verletzt.

- <u>Freude:</u> Du freust dich für deinen Partner, dass seine Anstrengungen belohnt wurden, denn du weißt, wie viel er dafür investiert hat. Der Umzug ist zwar nicht ideal, aber du bist überzeugt, gemeinsam werdet ihr eine Lösung finden.

- <u>Wut:</u> Es macht dich wütend, dass sich dein Partner die Beförderung annehmen möchte, obwohl er dafür von dir wegziehen muss und ihr weniger Zeit miteinander verbringen könnt.

- <u>Traurig:</u> Es verletzt dich, denn du empfindest, dass deinem Partner die Karriere wichtiger ist als eure gemeinsame Zukunft.

Du denkst dir wahrscheinlich dein Partner wäre schuld daran, dass du wütend oder traurig bist aufgrund seiner Entscheidung. Wenn du aber erkennst, dass es allein auf deine Bewertung ankommt, wie du dich fühlst, kannst du Situationen von Anfang an gar nicht erst in die Negativ-Spirale kommen lassen. Empfängst du Situationen immer positiv, sind deine Gefühle ebenfalls positiv.

Denke positiv und positive Dinge werden geschehen

Gedanken wirken wie ein Magnet: Positive Gedanken, ziehen Positives an. Negative Gedanken dagegen Negatives.

Das Beispiel von vorhin lässt sich das folgendermaßen erklären:

1. Du nimmst die Information von deinem Partner positiv auf. Ihr freut euch gemeinsam. Natürlich macht auch er sich Gedanken über die Distanz, die der neue Job mit sich bringt. Ihr überlegt gemeinsam nach Lösungen. Der neue Wohnort deines Partners hat vielleicht auch für dich Vorteile. Vielleicht zieht ihr sogar gemeinsam um, lernt neue Leute kennen und ein Jobwechsel öffnet vielleicht auf für dich neue Türen, die am alten Ort nicht möglich waren.

2. Du zeigst deinem Freund, deine Wut oder Trauer. Ihr befindet euch auf einer total unterschiedlichen Wellenlänge, es kommt zum Streit. Du siehst in seiner Beförderung nur seine Entscheidung, die Distanz von dir in Kauf zu nehmen und kannst nicht weiter denken. Einen Umzug ziehst du nicht in Betracht. Du bist verletzt. Der Streit spitzt sich zu und ihr trennt euch vielleicht sogar, weil ein Schuldiger gesucht wird, anstatt das eigen Denken zu überprüfen und gemeinsam die positiven Aspekte zu sehen.

Positives Denken macht dich konfliktfähiger, weil du in der Situation von Anfang an einen weiten Blickwinkel einnimmst und du offen bist, anstatt dich in die negativen Aspekte zu verrennen und in deinem Tunnelblick festzustecken.

Was positives Denken im Gehirn auslöst

Eine positivere Lebenseinstellung, macht das Leben nicht nur leichter, sondern verändert auch die Gehirnzellen. Pro Tag werden ein Prozent unserer Zellen im Körper erneuert – Gehirnzellen mit eingeschlossen. Deshalb dauert es etwas mehr als 60 Tage, bis neue Angewohnheiten sich festigen und sich die Gehirnzellen mit neuen ersetzt haben.

Diese „neuen" Gehirnzellen werden von Emotionen stark beeinflusst. Barbara Fredrickson, eine US-amerikanische Psychologin hat dazu eine Studie durchgeführt: Die Probanden wurden in fünf

Gruppen aufgeteilt und bekamen jeweils verschiedene Videos zu sehen.

Die erste Gruppe bekam eine Video gezeigt, welches freudige Emotionen auslöst, die zweite Gruppe ein friedliches Video, die dritte Gruppe ein neutrales, die vierte ein angsteinflößendes und die fünfte Gruppe sah ein Video, welches zu Wut führte.

Nach den Videos wurde jede Gruppe vor die gleiche fiktive Problemsituation gestellt, die sie lösen mussten. Die beiden ersten Gruppen, welche im Video positive Emotionen gesehen hatten, konnten das Problem kreativer lösen als die anderen drei Gruppen, denen neutrale oder negative Gefühle durch das Video vermittelt wurden.

Barbara Fredrickson leitete aus dem Ergebnis ab, dass positive Emotionen den Blick von Menschen weiten. Sie geht davon aus, dass Menschen dadurch

Problemlösungsprozesse kreativer und praxisorientierter angehen können, als wenn sie vorher durch negative Emotionen beeinflusst wurden.

Resilienz fördern

Resilienz ist die Widerstandskraft, die eine Person befähigt, schwierige Zeiten und Krisen erfolgreich ohne langfristige Beeinträchtigungen zu bewältigen. Wie stark die Resilienz einer Person ausgeprägt ist, ist sehr verschieden.

7 Säulen der Resilienz:

Die folgenden sieben Faktoren zeichnen die Resilienz aus. Jeder einzelne Bereich kann trainiert werden, um die eigene Resilienz zu stärken:

1. Optimismus

2. Akzeptanz

3. Lösungsorientierung

4. Selbststeuerung

5. Verantwortung übernehmen

6. Beziehungen gestalten

7. Zukunft gestalten

In den ersten beiden Säulen „Optimismus" und „Akzeptanz" ist das positive Denken verankert. Nur wer in der Lage ist, die Krise als Chance anzunehmen, kann sie auch erfolgreich bewältigen. Gleichzeitig wird das Selbstbewusstsein gestärkt. Die Erfahrung, eine schwierige Zeit aus eigener Kraft bewältigt zu haben, stärkt den Menschen für weitere Krisen, die ihm begegnen werden.

Unsere Einstellung hat also viel damit zu tun, ob wir Herausforderungen im Leben bewältigen können oder an ihnen zerbrechen. Das Konzept der Resilienz zeigt, dass es für jede Person möglich ist, resilienter und positiver zu werden. Denn ob wir eine pessimistische oder optimistische Sichtweise auf die Dinge haben, wurde uns nicht in die Wiege gelegt, sondern unsere Einstellung, Erfahrungen und unsere Ideale entscheiden, ob wir das Glas halb leer oder halb voll sehen wollen.

Menschen, die positiv denken...

- Sind kreativer,

- sehen mehr Möglichkeiten,

- können besser Probleme lösen,

- sind erfolgreicher in Tests, Prüfungen und so weiter,

- überblicken komplexe Sachverhalte besser,

- sind resilienter,

- wirken vertrauenswürdiger,

- sind toleranter,

- sind sozial erfolgreicher bzw. beliebter,

- sehen das Ganze und

- sind dadurch häufig beruflich und privat erfolgreicher.

KAPITEL 2: NEGATIVE GEDANKEN LOSLASSEN

Eine große Schwierigkeit kann sein, die negativen Gedanken loszulassen. Positiv denken kannst du erst, wenn du das Negative als solches erkennst und angehst. Das ist nicht so einfach, denn oftmals bestehen negative Glaubenssätze schon unser halbes Leben lang. Es ist kein Wunder, dass es Zeit braucht, diese antrainierten Gedankengänge zu durchbrechen und durch neue zu ersetzten.

Gefahren von negativen Gedanken

„Du bist faul", „du bist nicht fähig, Verantwortung zu übernehmen" oder „du kriegst dein Leben nicht auf die Reihe", können Botschaften sein, die früher subtil von Eltern, Lehrern oder Arbeitgeber vermittelt worden sind und sich tief im Unterbewusstsein verankert haben. Deshalb ist es wichtig, dir immer zu überlegen, woher die Gedanken kommen. Sind es deine eigenen Gedanken oder sind es Sätze von anderen, die tief in dir drin sind und an die du selber angefangen hast zu glauben?

Die Gefahr solcher Glaubensätze ist, dass wir unbewusst immer danach suchen, eine Bestätigung für sie zu finden und sie dann auch noch verstärken und aufrechterhalten, anstatt uns selbst das Gegenteil zu beweisen.

Der Pessimist geht mit der Annahme zum Vorstellungsgespräch, dass er keine Chance auf den Job hat. Der Optimist dagegen ist überzeugt, dass er im Gespräch von sich überzeugen kann. Der Pessimist scheitert und sagt sich, ich wusste es, dass ich versage und mit dieser Einstellung geht er weiterhin alle Situationen im Leben an. Dass diese Haltung wenig Erfolg versprechend ist, ist einleuchtend.

Negative Gedanken hindern dich nicht nur daran, erfolgreich zu sein, sondern sie können dich auch körperlich und psychisch krank machen. Neueste Studien sagen, dass negative Gedanken folgendes auslösen können:

- Stress im Alltag

- Antriebslosigkeit

- Lustlosigkeit

- Das Gefühl von Machtlosigkeit

- Probleme in persönlichen Beziehungen

- Vermehrtes Auftreten von Erkältungen

- Verspannungen im Rücken und Nacken

Negative Gedanken loswerden in 5 Schritten

1. Negative Gedanken erkennen

Überlege dir im ersten Schritt, welche wiederkehrenden negativen Gedanken du hast. Du kannst sie dir auch aufschreiben. Das Erkennen ist deine Grundlage für eine Veränderung. Vielleicht erkennst du die negativen Gedanken nicht auf den ersten Blick, wenn sie subtil vorhanden sind. Horche in dich hinein oder überlege dir vergangene Situationen in deinem Leben und mit welchen Gedanken du sie angegangen bist.

2. Negative Gedanken akzeptieren

Hast du deine persönlichen negativen Gedanken erkannt, so hast du sie vom Unterbewusstsein ins Bewusstsein geholt.

Das ist wichtig und erst dann kannst du weiter machen. Akzeptiere die Gedanken wie sie sind. Gegen sie anzukämpfen bringt nichts, es erzeugt nur Druck.

Es kann sein, dass dir erst einmal ganz viele negative Gedankenmuster bewusst werden. Das heißt nicht, dass du dadurch viel negativer denkst als vorher, nur dass du dir die bereits vorhanden Glaubenssätze vom Unterbewusstsein ins Bewusstsein geholt hast. Existiert und dich beeinflusst haben sie auch schon vorher. Das Gute daran ist, jetzt kannst du mit ihnen arbeiten und sie verändern, sodass sie dich nicht mehr negativ beeinflussen.

3. Negative Gedanken hinterfragen

Du hast deine negativen Gedanken erkannt, dann frage dich nun: Stimmen deine Gedanken auch wirklich? Was bringen dir diese Gedanken? Gibt es Gründe, die belegen, dass der Gedanke keine Gültigkeit hat?

Wenn du zum Beispiel denkst, dass du nichts auf die Reihe kriegst in deinem Leben, so überlege genau, ob es nicht ganz viele Erfolge in deinem Leben gibt, die von deinem Gedanken überschattet werden.

4. Positive Gedanken finden

Konzentriere dich auf die Situationen, in denen dein Gedanke nicht stimmig war. Hebe das Positive hervor und erkenne, dass gar nicht alles so negativ ist in deinem Leben, sondern du sehr wohl in vielen Situationen auf dich selber stolz sein kannst.

Macht dir eine Situation Angst, weil du denkst, du schaffst es nicht, so kann es helfen, wenn du vorher die Situation in Gedanken durchspielst. Ein

Vorstellungsgespräch zum Beispiel: Stelle dir vor, wie du selbstsicher auf dem Stuhl sitzt, die Person von dir überzeugst und mit einem positiven Gefühl nach Hause gehst. Ein solches mentales Training führen übrigens viele Erfolgsmenschen durch: Profisportler, Politiker vor wichtigen Reden oder Sänger vor ihren Auftritten.

5. Den Gedanken im Alltag anwenden

Wenn der negative Gedanke im Alltag wieder auftaucht – und das wird er am Anfang – so akzeptiere ihn, nimm ihn aber nicht zu ernst. Lass dich auch nicht verunsichern, es dauert seine Zeit bis die seit langem existierenden Gedanken durch neue ausgetauscht werden können.

Das braucht etwas Übung und Geduld, die wichtigsten Schritte sind das Erkennen und das Annehmen von negativen Gedanken, der

Rest ergibt sich. Du wirst sehen, dass dir mit mehr Übung negative Gedanken schneller bewusst werden, du sie lockerer annimmst und auch besser verstehst.

KAPITEL 3: POSITIVES DENKEN LERNEN

Die Vorteile, die positives Denken im Leben bringen, liegen auf der Hand. Doch wie klappt es im Alltag, die negativen Gedanken mit positiven zu ersetzen?

Positiv denken bezieht sich immer auf Personen, auf Situationen und auf das Verhalten. Sowohl die Personen, wie auch die Situationen und das Verhalten sind weder positiv noch negativ. Deine subjektive Bewertung legt fest, wie du die Situation siehst.

Menschen bewerten unterschiedlich. Was für dich negativ ist, kann für die andere Person positiv sein. Du allein entscheidest, wie du eine Situation sehen möchtest. Nicht die äußeren Umstände sind negativ, sie sind so, wie du sie sehen willst.

Durchbreche die Negativ-Spirale und erzeuge eine positive: Positives Denken führt zu positiven Gefühlen. Diese lassen dich positiv handeln und bringen dir positive Erfahren. Das stärkt dich für die Zukunft, um weitere Situationen ebenfalls positiv anzugehen.

Was du dazu tun musst, sind die drei folgenden Schritte: Situationen annehmen, wie sie sind, negative Gefühle zulassen und den Fokus auf das Positive lenken.

Drei häufige Fehler

1. Realitätsverlust durch positives Denken

Positives Denken sollte nicht zu einem Realitätsverlust führen. Es geht nicht darum, die Augen zu verschließen, wenn schwierige Situationen aufkommen. Das schadet sogar mehr, anstatt dass diese Art im Umgang mit Problemen hilft.

Eine realistische Betrachtung ist Voraussetzung beim positiven Denken. Sowohl die positiven wie auch die negativen Aspekte werden betrachtet. Durch die rosarote Brille zu gucken und alles Negative auszublenden wäre falsch und kontraproduktiv.

Wenn du die Situation realistisch analysiert hast mit all ihren Aspekten, so konzentrierst du dich auf die positiven Anteile. Es geht darum, das Gute in einer Situation zu erkennen, dabei aber realistisch zu bleiben.

2. Zu viel Druck führt zu nichts

Wenn du zwanghaft denkst, dass du positiv denken musst, führt das dazu, dass du dich selber unter Druck setzt. Frage dich, ob du positiv sein möchtest oder ob du dich dazu zwingst, positiv zu sein. Letzteres hat etwa den gleichen Effekt als würdest du bei deinen negativen Gedanken bleiben.

Dir einzureden, dass alles gut ist, aber nicht daran zu glauben führt zu negativen Gefühlen. Du darfst auch mal traurig oder wütend sein. Erkenne deine Gefühle und lasse sie zu, anstatt sie zu verdrängen.

3. Die Überzeugung fehlt

Positiv denken, ohne davon überzeugt zu sein, ist ebenfalls wirkungslos. Wenn du versucht, deine Probleme schönzureden, bist du auf dem falschen Weg. Die positiven Gedanken, die du entwickelst, sollen deiner Überzeugung entspringen.

Manche Menschen sagen, positives Denken sei Einbildung. Da haben sie nicht ganz unrecht, denn es ist unsere Wahrnehmung – negatives Denken aber ebenfalls. Keine Situationen oder Erfahrungen sind gut oder

schlecht, erst unsere Bewertung machen sie
dazu.

Mit diesen Tipps und Tricks gelingt das positive Denken

Das Problem erkennen

Auch wenn es gerade scheint, dass alles
doof ist und nichts so läuft wie du es dir
wünscht, so handelt es sich meist auf den
zweiten Blick um Verallgemeinerungen. Ein
einziges Ereignis kann bereits alles
überschatten, was eigentlich gut läuft.

Überlege dir, was der Grund der negativen
Gedanken ist. Versuche nicht, alles in einen
Topf zu werfen und negativ zu bewerten.
Wenn du die Hintergründe für deine
Gedanken erkannt hast, kannst du auch
gezielt an ihnen arbeiten. Du wirst sehen,
dass doch nicht alles so schlecht läuft, wie

erst angenommen. Die positiven Dinge werden sich zeigen.

Situation akzeptieren

Hast du die Gründe für dein negatives Denken erkannt, versuche sie zu akzeptieren. Dazu gehört auch, die damit verbundenen Gefühle anzunehmen. Vermeide das Verdrängen von Gefühlen und Gedanken.

Führe dir das Problem klar vor Augen, was löst es in dir aus? Mit welchen Gefühlen ist es verknüpft? Wehre dich nicht gegen die aufkommenden Emotionen und verdränge sie nicht, es ist der erste Schritt zum Positiven.

Vergleiche vermeiden

Wir machen es ständig: Uns mit anderen vergleichen. Meist zieht es uns aber mehr runter, als dass es uns motiviert. Es zeigt uns unsere Schwachstellen und führt dazu, dass wir uns schlecht fühlen und unser Selbstwertgefühl sinkt.

Um positiv zu denken, versuche auf Vergleiche zu verzichten, konzentriere dich nur auf dich und deine Fähigkeiten. Freue dich über persönliche Erfolge und Meilensteine im Leben.

Negative Gedanken ersetzen

Manchmal schleichen sie sich trotzdem wieder ein, die negativen Gedanken. Versuche dann den Gedanken nicht gleich zu verdrängen, sondern akzeptiere ihn und versuche ihn durch einen positiven Gedanken zu ersetzen: „Ich schaff das nicht" wird dann zum Beispiel zu „Ich schaffe das".

Wichtig ist, dass du den positiven Gedanken auch wirklich glaubst, ansonsten hat er keine Wirkung und lässt nur Zweifel aufkommen.

Nach dem Guten suchen

Egal wie schwierig, festgefahren oder unüberwindbar eine Situation erscheint, in nahezu jeder Situation lässt sich etwas Gutes finden. Manchmal erkennen wir es direkt, aber oft müssen wir auch etwas mehr nach ihm suchen.

Die Suche lohnt sich auf jeden Fall. Bist du in der Lage, das Positive zu sehen und dich darauf zu konzentrieren, so werden frustrierende Ereignisse oder schlechte Nachrichten gleich viel leichter genommen.

Frage dich dazu: Was lerne ich aus der Situation? Kann ich mich durch die Erfahrung weiterentwickeln und an ihr wachsen? Ergibt sich daraus eine neue Chance für mich?

Lächeln

Lächeln, bitte! So einfach es klingt, Lächeln verbessert deine Laune und du kannst Situationen mit einem positiven Blick begegnen. Das steckt auch dein Umfeld an und verbreitet allgemein gute Laune.

Kapitel 4: Positive Affirmationen

Positive Affirmationen sind positive Glaubenssätze. Sie helfen, dir deine negativen Gedanken in positive umzuwandeln und dein Denken langfristig zu verändern. Mit deinen persönlichen Affirmationen visualisierst du dein Ziel und erinnerst dich täglich daran, was du erreichen möchtest.

Wie finde ich die richtige Affirmationen

Überlege dir, was bis dato deine negativen Glaubenssätze waren. Diese kannst du nun ins Positive verwandeln. Das kann beispielsweise folgendermaßen aussehen: „Ich genüge nicht" wird zu „ich bin wertvoll" oder „ich kann das nicht" wird zu „ich glaube jeden Tag mehr an mich und meine Fähigkeiten".

Weitere Beispiele für positive Affirmationen, die das positive Denken fördern:

- Ich genüge.

- Positive Gedanken schaffen positive Gefühle. Ich gewöhne mich immer mehr daran, positiv zu denken.

- Ich habe die Stärke, alles anzupacken, was ich mir vornehme

- Jeden Tag akzeptiere ich mich selbst ein bisschen mehr

- Ich kann mein Leben positiv verändern.

Hilfreiche Satzanfänge

Affirmationssätze, die nicht 100 Prozent zu dir passen, sind unwirksam. Vermeide Sätze, die direkt Zweifel in dir auslösen. „Ich bin stark" zum Beispiel kann dich vor Erwartungen stellen, die dich vielleicht überfordern oder zweifeln lassen. Mit der richtigen Formulierung kannst du Druck aus der Affirmation nehmen und sie so für dich anpassen, dass du sie annehmen kannst und sie für dich stimmt.

Satzanfänge mit „ich bin…" deshalb lieber vermeiden. Die Affirmation kannst du beispielsweise mit „ich darf…", „ich kann…" oder „ich genieße…" beginnen. Um Druck rauszunehmen sind Satzfragmente wie „…jeden Tag mehr und mehr…" oder „…immer mehr und mehr…" hilfreich.

Die Affirmation sollte ein angenehmes Gefühl in dir auslösen und sich gut anfühlen. Nur dann kannst du es annehmen und damit arbeiten. Spürst du Widerstand, versuche deine Affirmationen umzuschreiben, bis sie für dich passt.

Verneinungen vermeiden

Positive Affirmationen sind, wie gut zu erkennen ist, positive Sätze. Verneinungen gehören nicht in einen Affirmationssatz. Das hat einen logischen Grund: Wörter wie „nicht" oder „kein" werden von unserem Gehirn gerne herausgefiltert. So bekommt der Satz die gegenteilige Wirkung. „Ich denke nicht negativ" wird dann zu „ich denke negativ". Mit den Affirmationen wollen wir ja weg von den Problemen und dem Negativen und unsere Stärken hervorheben, weshalb eine positive Formulierung Grundvoraussetzung ist, dass die Affirmation wirken kann.

Wie du Affirmationen anwenden kannst

Das Anwenden der Affirmationen klappt morgens und abends am besten, weil unser Unterbewusstsein dann am aufnahmefähigsten ist. Deine persönlichen Glaubenssätze lassen sich im Alltag auf viele Arten integrieren:

- Du kannst sie dir vor dem Spiegel laut vorsagen

- Du sprichst sie vor dich hin

- Du kannst sie niederschreiben

- Du kannst sie auf einen Zettel aufschreiben und diesen in der Wohnung aufhängen

- Du kannst sie dir vorsingen

Wie du sie anwendest, ist dir überlassen, wichtig ist, dass du sie regelmäßig – am besten täglich – anwendest. Am Anfang fühlt es sich wahrscheinlich komisch an, aber mit ein bisschen Übung legt sich das. Hab etwas Geduld. Um deine bisherigen Denkmuster zu ersetzen, benötigt es seine Zeit, denn das Gehirn muss erst neue Verknüpfungen erstellen. Es kann zwischen 30 und 90 Tagen dauern, bis du den positiven Effekt spürst.

KAPITEL 5: ACHTSAMKEIT

In unserer schnelllebigen Welt zieht alles irgendwie an uns vorbei und wir vergessen ganz oft, einfach einmal innezuhalten und im hier und jetzt zu leben. Das nämlich tun wir mit Achtsamkeit. Momente bewusst erleben, unsere Sinne einsetzen und Augenblick urteilsfreien erleben. Wahrnehmen ohne zu werten, hilft einen klaren Blick auf Dinge und Situationen zu erlangen.

Im Zusammenhang mit positivem Denken helfen dir Achtsamkeitsübungen zu erkennen, für was du dankbar bist, was wichtig ist in deinem Leben. Der Fokus liegt immer auf den guten Dingen. Es nicht darum den Geist „leer" zu machen, viel mehr machen wir ihn empfänglicher, für die Dinge, die wir im normalen Alltag gar nicht mehr wahrnehmen.

Achtsamkeit hat nichts mit Religion zu tun, auch wenn das Konzept ursprünglich aus dem Buddhismus stammt.

Was bringt Achtsamkeit?

Wissenschaftliche Studien haben die positiven Aspekte von Achtsamkeitsübungen nachweisen können. Achtsamkeit hat folgende Vorteile:

- Körperliche und psychische Symptome können gelindert werden

- Stresssituationen können besser bewältigt werden

- Es fällt leichter zu entspannen und sich zu konzentrieren

- Selbstakzeptanz wird gestärkt, sowie die Akzeptanz unveränderbare Situationen annehmen zu können

- Die Impulskontrolle erhöht sich

- Das psychische Gleichgewicht ist stabiler

- Empathischeres und fürsorglicheres Verhalten entwickelt sich gegenüber sich selbst und anderen

- Neue Perspektiven und Handlungsmöglichkeiten entwickeln sich

- Die Sozialkompetenz verbessert sich

- Führt zu einer positivere und gelassenere Lebenseinstellung

5 Achtsamkeitsübungen für den Alltag

1. Wartezeiten bewusst nutzen

Für die meisten von uns ist Warten etwas Lästiges. Oft werden wir nervös, ungeduldig oder langweilen uns. Dabei sind diese Momente eigentlich sehr wertvoll, denn wir können gerade nichts anderes tun als zu warten. Unser Tag ist so vollgepackt, dass wir viel zu wenig die Möglichkeit haben, einen Moment durchzuatmen. Unsere Gedanken sind schon bei der Planung von Morgen und wir sind eigentlich kaum im Hier und Jetzt unterwegs.

Nutze Wartezeiten dazu, einen Moment innezuhalten. Nimm dazu eine bequeme Position im Sitzen oder Stehen ein. Beobachte, wie dein Atem fließt. Nimm deinen Körper wahr. Beobachte deine Gefühle. Wie geht es dir? Versuche nicht zu bewerten, nur zu beobachten. Anfangs ist das schwierig und ungewohnt, aber mit ein bisschen Übung wird es dir leichter fallen.

Diese kurze Übung eignet sich besonders gut während Wartezeiten. Du kannst sie aber auch bewusst zwischendurch im Alltag anwenden. Nimm dir dafür mindestens eine Minute Zeit.

2. Bewusst atmen

Plane für diese Übung etwas mehr Zeit ein, etwa 10 bis 20 Minuten. Setze dich entspannt hin und schließe die Augen. Konzentriere dich nun auf deinen Atem. Atme tief ein und aus, lass den Atem kommen und gehen. Versuche aufkommende Gedanken weiterziehen zu lassen und zurück zu deinem Atem zu kommen. Nimm den Atemzug von der Nase bis tief in den Bauch wahr, spüre wie der Brustkorb sich hebt und senkt.

Nach der Übung lasse das Gefühl der Achtsamkeit noch ein wenig zu und nimm es mit in deinen Tag.

3. Deine Schritte wahrnehmen

Wenn wir gehen, sind wir meist so mit unseren Gedanken beschäftigt, dass wir uns ganz automatisch bewegen, ohne dass wir uns unserer Schritte bewusst sind. Bei dieser Übung konzentrieren wir uns auf die Schritte.

Die Übung kann zum Beispiel auf dem Weg zum Einkaufen, zur Arbeit oder bei einem Spaziergang durchgeführt werden. Nutze die Zeit während du am Gehen bist, um dich zu fokussieren und deine Gedanken zu vermindern. Spüre, wenn deine Füße den Boden berühren, abrollen und zum nächsten Schritt ansetzen. Wie fühlt sich der Boden an? Wie ist dein Tempo?

Das Entspannende an der Übung ist, dass du eine Pause einlegst in deinen Grübeleien und Gedanken. Du bist währenddessen nur im Hier und Jetzt.

4. Mit Achtsamkeit den Tag begrüßen

Morgens, wenn der Wecker klingelt, greifen viele von uns erst einmal zum Smartphone – meist kommt der laute Ton auch genau aus diesem Gerät. Die Zeit, die du dann schon am morgen früh am Smartphone verbringst, kannst du positiver nutzen: Mit einer kleinen Achtsamkeits-Übung startest du entspannt in den Tag.

Bleibe nach dem Aufwachen für 2 bis 3 Minuten im Bett liegen. Versuche, die Augen offenzuhalten und blicke an die Decke. Was erkennst du? Setze dich dann aufrecht auf die Bettkante und atme tief ein und aus. Konzentriere dich auf deinen Atem. Atmest du tief oder oberflächlich? Wie fühlt sich das Atmen an? Ist die Luft kalt oder warm?

Spüre nun deinen Körper. Wie fühlst du dich? Sind schmerzende oder verspannte Stellen vorhanden? Lasse deine Aufmerksamkeit für 1 bis 2 Minuten bei deinem Körper.

Nimm dann deine Gedanken und Gefühle wahr, die an diesem Morgen aufkommen. Nimm sie wahr, ohne sie zu bewerten.

Spüre die innere Ruhe und nimm die Entspannung mit in deinen Tag.

5. Dankbarkeits-Tagebuch

Ein Dankbarkeits-Tagebuch ist eine wunderbare Möglichkeit, das Positive in deinem Leben täglich festzuhalten und dir bewusst zu werden, für was du dankbar bist. Auch wenn manchmal Wolken aufziehen, diese Übung macht bewusst, dass trotzdem jeden Tag positive Dinge geschehen.

Nimm dir abends einen kurzen Moment Zeit und lass den Tag kurz Revue passieren. Was war positiv? Für was bist du dankbar. Halte jeden Tag einen Satz oder mehrere in einem Notizbuch oder einer Agenda fest.

Konzentriere dich für mindestens 20 Sekunden auf das, wofür du dankbar bist. Das ist eine angenehme Entspannung abends vor dem Schlafengehen und erhöht deine Achtsamkeit für die schönen Dinge, denen du im Alltag begegnest.

Kapitel 6: Meditation lernen

Meditation kommt ebenfalls ursprünglich aus dem Buddhismus, hat aber keinen religiösen Charakter. Es geht dabei darum, Klarheit zu erlangen und den Geist zu entspannen.

Was bringt Meditation?

Die positiven Wirkungen von Meditation auf den Geist und den Körper sind längst wissenschaftlich bewiesen. Untersuchungen haben gezeigt, dass bei meditierenden Menschen sich die Gehirnstruktur von Nicht-Meditierenden unterscheidet.

Folgende positiven Effekte erfährst du durch regelmäßige Meditation:

- Reduziert negative Emotionen

- Verbessert zwischenmenschliche Beziehungen

- Hebt die Stimmung

- Verbessert den Umgang mit Gefühlen

- Verstärkt die positiven Persönlichkeitseigenschaften

- Erhöht die Konzentration

- Verhilft zu klarerem Denken

- Reduziert Stress

- Hilft Energie zu tanken

- Macht selbstbewusster

- Entspannt

- Befreit von negative Gedanken

So geht Meditation

Dauer

Für den Anfang reicht es, wenn du dir 10 Minuten Zeit nimmst für eine Meditation. Wichtig ist die Regelmäßigkeit. Am besten integrierst du die Meditation in deinen täglichen Tagesablauf.

Sitzposition

Der bekannte Lotus-Sitz ist nicht unbedingt Voraussetzung fürs Meditieren. Du kannst auch eine andere Sitzposition einnehmen oder auf einem Stuhl sitzen. Der Rücken soll gerade sein und auf einem Stuhl deshalb nicht anlehnen. Die Hände können bequem auf die Oberschenkel abgelegt werden. Entspanne dich und lasse die Schultern locker nach unten fallen.

Umgebung

Wo du dich wohlfühlst zum Meditieren, ist dir überlassen. Orte, die möglichst still sind und an denen keine Störungen zu erwarten sind, eignen sich besonders. Schalte deshalb dein Smartphone am besten auf lautlos oder ganz aus.

Die Meditation

Zu Beginn der Mediationseinheit empfiehlt es sich einen Wecker zu stellen mit einem sanften Ton. Das hilft dir zu signalisieren wann die Mediationszeit vorbei ist, denn während der Meditation nimmst du die Zeit kaum wahr.

Für den Anfang eignen sich zwei Arten der Meditation sehr gut: Entweder du konzentrierst dich auf den Atem – ähnlich wie in der Achtsamkeitsübung „Bewusst atmen" – oder wendest den sogenannten Body-Scan an.

- Nimm eine bequeme Position ein.

- Schließe deine Augen.

- Atme bewusst fünf tiefe Atemzüge. Entspanne deinen Geist und deinen Körper und nutze die Atmung, um in dir anzukommen.

Variante 1, bewusst Atmen: Lege deinen Fokus auf die Atmung. Nimm jedes Detail deines Atemzugs wahr. Spüre, wie die Luft über die Nasenflügel in den Körper strömt bis tief in den Bauch und wieder hinaus. Nimm die kurze Unterbrechung in der Atmung wahr, die während des Wechsels von der Einatmung zur Ausatmung entsteht. Die Konzentration bleibt die ganze Meditation über auf deiner Atmung.

Variante 2, Body Scan: Bei dieser Variante liegt der Fokus auf der Wahrnehmung deines Körpers. Nimm deine Körperteile, beginnend bei den Füßen und aufsteigend bis zum Kopf, wahr. Verweile jeweils beim einzelnen Körperteil. Spüre wie sich die einzelnen Partien deines Körpers anfühlen. Du bleibst die ganze Meditation über auf deinen Körper fokussiert.

Es ist normal, dass während der Meditation Gedanken aufkommen. Nimm sie an, lass sie aber weiterziehen, indem du dich wieder auf deinen Atem bzw. deinen Körper konzentrierst.

Wenn du das Klingeln des Weckers hörst, springe nicht direkt auf. Beende die Meditation langsam. Atme nochmals tief ein und aus bevor du deine Augen öffnest.

Andere Meditations-Arten

Neben dem Fokus auf der Atmung oder dem Körper kannst du dich bei der Mediation auch auf folgende Dinge konzentrieren:

- Körperliche Empfindungen (Schmerz, Wärme, Druck, Kribbeln usw.)

- Gefühle (Angst, Trauer, Freude, Unbehagen, Einsamkeit usw.)

- Geräusche (Musik, Klangschale, Naturgeräusche usw.)

SCHLUSSWORT

Wenn wir uns einmal mit dem positiven Denken beschäftigt haben, erkennen wir, wie einfach das Prinzip eigentlich ist. Positive Gedanken führen zu Positivem, negative Gedanken ziehen das Negative an. So haben wir es in der Hand und steuern selber, welche Richtung wir einschlagen.

Natürlich durchbrechen sich gewohnte Denkmuster nicht von heute auf morgen. Auch wenn du dir vornimmst, ab heute nur noch positiv durchs Leben zu gehen, so wird das nicht direkt klappen. Die negativen Glaubenssätze aus der Vergangenheit sind nach wie vor deine Begleiter.

Jetzt liegt es an dir, dich von diesen zu befreien und sie durch neue zu ersetzen. Das benötigt etwas Zeit und Geduld, zahlt sich aber auf jeden Fall aus. Es ist eine große Veränderung und die darf auch etwas dauern. Schließlich musst du dich auch erst an deine neuen Gedanken gewöhnen.

Die praktischen Tipps helfen dir dabei. Höre immer auf dein Gefühl und versuche dich nicht selbst unter Druck zu setzen. Eine tägliche Meditation ist sicherlich sehr hilfreich, wenn dir aber nicht danach ist, ist das auch okay. Dann lass es sein, weil es dann auch nicht viel bringt. Du merkst am besten, wann dir was guttut.

Ich hoffe das Buch hat dir Wege aufzeigen können, wie du positives Denken erlernen kannst. Für deine Zukunft wünsche ich dir, dass du es schaffst auf die Sonnenseite zu springen und die positiven Aspekte des Lebens wahrzunehmen. Bleibe dir selbst treu.

QUELLEN

Wenn du Quellen hast, die du einfügen kannst, bitte hier einfügen.

https://www.gluecksdetektiv.de/die-macht-der-gedanken/

https://karrierebibel.de/gedanken/

https://www.frisches-denken.de/negative-gedanken/

https://www.frisches-denken.de/stressfrei-durch-achtsamkeitsuebungen/

https://www.frisches-denken.de/meditation-lernen/

https://arbeits-abc.de/positives-denken/

https://www.lernen.net/artikel/affirmationen-70-positive-aussagen-fuer-jeden-anlass-3065/#Selbstliebe_Positives_Denken

http://www.achtsam.be/was-ist-achtsamkeit.html

https://utopia.de/ratgeber/achtsamkeit-lernen-mbsr-achtsamkeitsuebungen-achtsamkeitstraining-achtsamkeitsmeditation-hier-und-jetzt/

https://www.forschung-und-lehre.de/forschung/meditation-und-wissenschaft-194/

https://utopia.de/ratgeber/meditation-lernen-tipps-fuer-einsteiger/

IMPRESSUM

Text: Copyright © 2020 by ALI KALAI TLEMCANI

Impressum:

ALI KALAI TLEMCANI

1 Complexe El hassani Immeuble Amal 2

90000 TANGIER

Marokko

Wichtiger Hinweis:

Die in diesem Buch enthaltenen Informationen dienen ausschließlich informativen Zwecken und dürfen unter keinen Umständen als Ersatz für eine professionelle Beratung oder Behandlung durch ausgebildete und anerkannte Ärzte angesehen werden. Diese beinhalten keinerlei Empfehlungen bezüglich bestimmter Diagnose- oder Therapieverfahren. Die Inhalte dürfen niemals als eine Aufforderung zur Selbstbehandlung oder als Grundlage für Selbstdiagnosen und -medikation verstanden werden. Die Informationen spiegeln lediglich die Meinung des Autors wieder. Der Autor übernimmt für die Art oder Richtigkeit der Inhalte keine Garantie, weder ausdrücklich noch impliziert.

Sollten Inhalte des Buches gegen geltendes Recht verstoßen, dann bittet der Autor um umgehende Benachrichtigung. Die betreffenden Inhalte werden dann umgehend entfernt oder geändert.